TRAITÉ

du 22 Décembre 1885

AVEC LES

COMPAGNIES DE CHEMINS DE FER

POUR LE TRANSPORT DES

TABACS, DES POUDRES A FEU,

DES DYNAMITES,

DES PAPIERS TIMBRÉS & FILIGRANÉS, DES IMPRESSIONS

ET DE TOUS LES OBJETS DE MATÉRIEL

DES DIFFÉRENTS SERVICES RELEVANT DU MINISTÈRE DES FINANCES.

*(Texte modifié par l'Avenant du 31 Mars 1905
qui proroge le traité à partir du 1er Avril 1905 jusqu'au 31 Mars 1910)*

PARIS

IMPRIMERIE MAULDE, DOUMENC ET Cie

144, rue de Rivoli, 144

(Les modifications résultant de l'avenant du 31 Mars 1905 sont indiquées en caractères italiques).

TRAITÉ

du 22 Décembre 1885

AVEC LES

COMPAGNIES DE CHEMINS DE FER

POUR LE TRANSPORT

DES TABACS, DES POUDRES A FEU,

DES DYNAMITES,

DES PAPIERS TIMBRÉS ET FILIGRANÉS, DES IMPRESSIONS

ET DE TOUS LES OBJETS DE MATÉRIEL

DES DIFFÉRENTS SERVICES RELEVANT DU MINISTÈRE DES FINANCES.

*(Texte modifié par l'Avenant du 31 Mars 1905 qui proroge le traité
à partir du 1er Avril 1905 jusqu'au 31 Mars 1910.)*

Entre le MINISTRE DES FINANCES, stipulant pour l'État,

D'UNE PART ;

Et les sept Compagnies de chemins de fer ci-après désignées,

D'AUTRE PART ;

SAVOIR :

1° La Compagnie anonyme du chemin de fer du Nord ;

2° La Compagnie anonyme des chemins de fer de l'Est ;

3° La Compagnie anonyme des chemins de fer de Paris à Lyon et à la Méditerranée ;

4° La Compagnie anonyme du chemin de fer de Paris à Orléans ;

5° La Compagnie anonyme des chemins de fer de l'Ouest ;

6° La Compagnie anonyme des chemins de fer du Midi ;

7° L'Administration des chemins de fer de l'État ;

Il a été convenu ce qui suit :

CHAPITRE PREMIER.

Objet du traité et organisation du service.

ARTICLE PREMIER.

Objet du traité.   Les sept compagnies de chemins de fer ci-dessus représentées
s'engagent à transporter dans l'étendue de la France continentale
par les moyens et aux clauses et conditions stipulés ci-après, la

totalité des tabacs, poudres à feu, dynamites, machines et appareils, papiers timbrés ou filigranés, registres et impressions, ainsi que tous les autres objets du matériel des différents services relevant du Ministère des finances.

Le Ministre des Finances s'oblige, de son côté, à remettre la totalité desdits transports aux compagnies de chemins de fer, sauf les exceptions prévues au présent traité.

Les transports acceptés par les compagnies sont limités, comme points d'expédition et de livraison, aux chefs-lieux de départements et d'arrondissements, à toutes les gares et stations ouvertes à l'exploitation, aux magasins, entrepôts et établissements des administrations des manufactures de l'État et des contributions indirectes, aux recettes principales des douanes et autres bureaux de douane compris dans le tableau des distances mentionné à l'article 15 ci-après, enfin aux fabriques de papiers filigranés.

Art. 2.

Transports réservés.

Sont exceptés du service à exécuter par les compagnies de chemins de fer, en vertu du présent traité :

1° Les transports par mer ;

2° Les transports qui sont effectués par la voie de la poste ou sous le régime des colis postaux ;

3° Les transports relatifs au service de l'administration des contributions directes ;

4° Les transports des tabacs, des poudres et des dynamites offerts à titre d'échantillon par le commerce, ainsi que les parties de tabac qui lui sont achetées livrables dans un délai déterminé, et qui n'appartiennent à la régie que lorsqu'elles sont agréées par elle ;

5° Les transports de tabacs, de poudres et de dynamites offerts par le commerce, et qui, n'ayant point été achetés, sont soumis à la réexportation ;

6° Tout matériel et tous objets qui seraient transportés, dans l'intérieur des villes ou dans un rayon de 10 kilomètres autour des villes, par les moyens propres à chaque service.

Art. 3.

Exécution du service et transports à effectuer sur les chemins de fer appartenant à des compagnies étrangères au traité.

Les transports sont exécutés au moyen des chemins de fer exploités par les compagnies contractantes, et accessoirement au moyen : 1° des lignes appartenant aux compagnies étrangères au traité ; 2° du roulage ; 3° de la navigation intérieure sur les fleuves, rivières et canaux ; 4° du camionnage.

Les compagnies contractantes se réservent les transports à effectuer entre les localités desservies par leurs rails.

Toutefois, lorsque l'emploi d'une ligne appartenant à une compagnie non contractante au présent traité présenterait une abréviation de parcours par rapport à l'emploi d'une ligne appartenant à une ou plusieurs des compagnies syndiquées, ces dernières, tout en se réservant d'effectuer le transport sur leurs rails, bonifieront à l'administration des finances 50 p. 0/0 de cette abréviation (1).

Les compagnies contractantes se chargent des transports à effectuer sur les chemins de fer appartenant à des compagnies étrangères au traité, lorsque celles-ci desservent des localités qui ne sont pas desservies par les rails des compagnies contractantes. Ces transports sont exécutés aux prix et conditions des tarifs particuliers à chacune de ces compagnies.

Il n'est point accordé de commission pour le remboursement du prix des transports effectués dans ces conditions.

L'emploi du roulage et de la navigation intérieure sur les fleuves, rivières et canaux, ne peut être prescrit que lorsque les deux localités, entre lesquelles le transport doit être effectué, ne sont pas reliées par un chemin de fer.

Néanmoins, si le prix du transport par la voie de fer est supérieur à celui qui résulterait de l'application du tarif de la voie de terre entre les deux points à desservir, les prix et conditions sont ceux de la voie de terre, les compagnies restant libres d'effectuer les transports par les moyens qu'elles jugeront convenables.

La voie d'eau en petite vitesse est formellement interdite pour le transport des papiers timbrés ou filigranés, registres et impressions.

---

(1) Exemple :

DE SAINT-QUENTIN A ACHIET

Distance de Saint-Quentin à Vélu (*Compagnie d'intérêt local*)....	52 kilomètres.
Distance de Vélu à Achiet *(Idem.)*	17
TOTAL	69
Distance de Saint-Quentin à Achiet *(Compagnie du Nord)*.......	124
DIFFÉRENCE.....	55 kilomètres.
MOITIÉ ou 50 p. o/o	27 kilom. 1/2.
A ajouter à la distance de 69 kilomètres, ci..................	69
TOTAL	96 kilom. 1/2.
DISTANCE à compter......................	97 kilomètres.

ART. 4.

Vitesses.

Les transports sont exécutés, suivant les ordres, en vitesse accélérée ou en petite vitesse.

Cependant la grande vitesse, c'est-à-dire celle des trains de voyageurs sur les chemins de fer et celle des diligences sur la voie de terre, peut être ordonnée dans les cas exceptionnels.

Le prix de la grande vitesse est payé, savoir :

Sur les chemins de fer, au tarif général de chaque compagnie ;

Par la voie des diligences, d'après le prix constaté par le bulletin des entreprises de messageries, avec une commission de 5 p. 0/0.

L'emploi de la vitesse accélérée par eau ne peut être exigé que sur les cours d'eau où il existe des services réguliers à vapeur ; enfin l'emploi de la navigation à petite vitesse ne peut être demandé, que lorsqu'il s'agit d'expéditions suffisantes pour donner au moins le chargement d'un bateau.

Quand les expéditions devront emprunter successivement la voie de fer et la voie de terre ou d'eau, l'Administration peut prescrire l'emploi de la vitesse accélérée pour ces deux dernières voies, tout en ordonnant la petite vitesse pour le parcours en chemin de fer. Dans ce cas, les délais sont décomptés, pour chaque mode de transport, suivant la vitesse ordonnée.

ART. 5.

Agent Général des compagnies de chemins de fer à Paris.

Pour établir l'unité de direction et d'action, les compagnies de chemins de fer sont représentées à Paris par un Agent Général, agréé par le Ministre des Finances.

Cet Agent est accrédité pour faire et recevoir toutes les communications présentant un intérêt collectif. Il a pouvoir et qualité pour agir au nom des compagnies dans toutes les contestations qui peuvent naître à l'occasion du présent traité, et tous les actes et exploits relatifs à l'exécution de ce traité lui sont valablement signifiés.

Les réclamations relatives au règlement des frais de transport sont suivies individuellement par chacune des compagnies intéressées, ainsi qu'il est dit à l'article 75 ci-après.

Toutefois, lorsque ces réclamations soulèvent une question de principe, elles sont suivies exclusivement par l'Agent Général, de manière à établir une jurisprudence uniforme.

Les compagnies font connaître au Ministre des Finances le nom de cet Agent Général dans les huit jours qui suivent la signature du présent traité ; elles doivent aussi notifier de la même manière son remplacement.

Art. 6.

Désignation des préposés.

Les compagnies de chemins de fer désignent, dans chaque lieu d'expédition et de destination non pourvu d'une gare appartenant à l'une des compagnies contractantes, un préposé dont la nomination est notifiée au Ministre des Finances.

Elles font connaître les mutations de ce personnel au fur et à mesure qu'elles ont lieu.

En cas de plainte grave reconnue fondée par le Ministre des Finances, les préposés sont révoqués et immédiatement remplacés dans les formes ci-dessus prescrites pour les nominations.

Dans toutes les localités pourvues de gares appartenant aux compagnies contractantes, les fonctions de préposé sont remplies par le chef de gare de la ligne qui effectue les transports. Exceptionnellement à Paris, ces fonctions sont remplies par l'Agent Général.

En cas d'inexécution de la décision ministérielle, il est pourvu au service par les administrations compétentes, aux risques et périls des compagnies de chemins de fer.

CHAPITRE II.

Formalités au départ. — Ordres de transport. — Acquits-à-caution. Lettres de Voiture.

Art. 7.

Ordres de transport.

Les transports sont exécutés en vertu d'ordres délivrés directement, savoir :

Pour le service du matériel des finances, par le Ministre ou ses délégués ;

Pour les administrations financières, par les directeurs généraux ou leurs délégués.

Art. 8.

Formalités relatives à l'ordre de transport.

Tout envoi donne lieu à un ordre de transport rédigé en double expédition.

L'une de ces expéditions est remise au préposé *lorsque le matériel est prêt à être enlevé;* il appose *immédiatement* son reçu daté sur celle qui est destinée à rester entre les mains de l'expéditeur.

L'ordre précise la nature, le poids et la destination des objets de toutes sortes à expédier; il indique la vitesse à employer pour chaque mode de transport.

Dans le cas où le matériel ne serait pas prêt à être enlevé, il sera accordé au transporteur une indemnité équivalente au déplacement inutile ou à la durée d'attente du camionneur, sans que cette indemnité puisse dépasser un tiers du prix du camionnage à effectuer, en cas d'attente prolongée au delà d'une heure, et les deux tiers en cas de déplacement inutile.

Art. 9.

Conditionnement des colis.

Les objets sont transportés, quant à leur conditionnement et d'après leur nature, suivant les usages commerciaux.

Les emballages, encaissements, ensachements, ainsi que la pesée dans les magasins, sont faits par les soins et aux frais des expéditeurs.

Les conditions particulières aux transports de certaines matières font l'objet de dispositions spéciales insérées au présent traité.

Art. 10.

Transports et fixation des maxima.

Le poids de chaque colis ne peut excéder 2,000 kilogrammes, si le transport s'effectue, en tout ou en partie, par le roulage, et 3,000 kilogrammes, s'il doit avoir lieu par la voie de fer ou d'eau et le camionnage.

Toutefois les masses indivisibles pesant plus de 3,000 kilogrammes, jusqu'à 5,000 kilogrammes, sont transportées par la voie de fer ou d'eau, et taxées moitié en sus des prix fixés aux articles 64, 65 et 66.

Les compagnies de chemins de fer ne sont tenues au transport des masses indivisibles, que lorsque ces masses peuvent passer avec un jeu d'au moins quinze centimètres en tous sens dans le gabarit du chemin de fer de ceinture autour de Paris.

Art. 11.

Règlement des contestations sur le conditionnement.

Les préposés des compagnies de chemins de fer peuvent refuser de prendre en charge les colis qui ne sont pas bien conditionnés, et demander que le conditionnement soit réparé de manière à assurer leur conservation en route.

En cas de contestation sur l'état du conditionnement, il est prononcé sur les prétentions respectives par un arbitre nommé par le juge de paix ou le maire du lieu.

Les frais sont à la charge de la partie condamnée.

Dans le cas d'urgence, le fonctionnaire qui a délivré l'ordre de transport peut requérir le préposé de passer outre à l'enlèvement immédiat des colis ; mais cette réquisition, inscrite sur l'acquit-à-caution ou sur la lettre de voiture, fait cesser la responsabilité des compagnies de chemins de fer, en ce qui touche le mauvais conditionnement.

La responsabilité des compagnies commence du moment où les objets ont été livrés à leur préposé, et ne cesse qu'en vertu d'une décharge régulière.

Art. 12.

Voitures pour les camionnages et délais pour l'enlèvement.

Pour le service des camionnages, les compagnies de chemins de fer fournissent les voitures en usage dans les localités. Ces voitures doivent toujours être bâchées de telle sorte que les objets transportés soient entièrement recouverts.

Les chargements et déchargements ne peuvent avoir lieu que pendant les heures réglementaires de l'ouverture des ateliers, à moins d'une autorisation spéciale du directeur de l'établissement.

Ils doivent être terminés à quatre heures pendant les mois de septembre à mars exclusivement, et à cinq heures et demie pendant les autres mois.

Art. 13.

Remise des objets à transporter.

La remise du matériel et des objets à transporter est faite par l'expéditeur au préposé de l'agence des compagnies, à la porte des magasins et au rez-de-chaussée. Les transporteurs doivent, si les lieux le permettent, faire entrer les voitures dans les cours des établissements et dans les magasins.

A l'arrivée à destination, la remise des expéditions s'effectue dans les mêmes conditions.

Lorsque les voitures ne peuvent accéder à la porte des magasins, les compagnies se chargent, moyennant remboursement de leur dépense, d'effectuer, si elles en sont requises, l'enlèvement ou la livraison à bras ou à dos d'homme.

Il est procédé contradictoirement à la constatation du poids et à la reconnaissance de chaque expédition.

Les expéditions et la livraison des poudres à feu, dynamites, tabacs et papiers timbrés ou filigranés sont en outre assujetties aux dispositions spéciales qui sont indiquées aux chapitres V, VI, VII, VIII et IX du présent traité.

Art. 14.

Lettres de voiture ou acquits-à-caution.

Toutes les expéditions sont accompagnées, soit d'un acquit-à-caution, soit d'une lettre de voiture.

Ces pièces indiquent :

La nature, l'espèce et la qualité des objets à transporter ;

Le nombre des ballots, boucauts, barils ou caisses ;
Les marques et les numéros de chacun de ces colis ;
Leur poids ;
Les nom et demeure du voiturier ou patron ;
Le lieu de destination ;
Les voies à suivre ;
Les distances à parcourir ;
Le délai dans lequel le transport doit être effectué ;
Enfin le prix du transport avec indication des diverses retenues à exercer.

Chaque transport peut donner lieu à un ou plusieurs acquits-à-caution ou lettres de voiture, qui sont délivrés sur la demande des compagnies ou de leurs préposés.

Les colis compris dans un acquit-à-caution doivent faire partie du même chargement ; si, par exception, le chargement se trouve divisé sur plusieurs voitures, ces voitures doivent se suivre. A leur arrivée, tous les objets portés sur le même acquit-à-caution sont livrés à l'établissement destinataire, sans confusion de colis appartenant à d'autres acquits. Il n'est donné reçu du transport et il n'est procédé à la réception qu'autant que les colis ont été livrés comme il est dit ci-dessus.

CHAPITRE III.

Parcours et délais de transports.

ART. 15.

Délais et itinéraires.

Les délais accordés pour effectuer les transports sont décomptés d'après les distances indiquées dans un tableau qui devra être publié avant le 31 mars 1886. Jusque-là, les décomptes seront établis d'après le tableau des distances de 1877 et les états modificatifs publiés postérieurement.

Le tableau indique les distances par voie de fer, par terre et par eau, ainsi que les camionnages et les changements de voie.

L'itinéraire qui sert à déterminer ces distances n'est pas obligatoire pour les compagnies de chemins de fer, en ce sens qu'elles peuvent adopter, sauf les exceptions prévues au présent traité, tel itinéraire et tel mode de transport qu'elles jugent convenable, en se renfermant dans les délais fixés par le présent traité. Le règlement de la dépense a lieu toutefois, en prenant pour base les indications contenues dans l'ordre de transport et sur le tableau des distances.

Dans des cas exceptionnels et pour des motifs d'ordre public le fonctionnaire qui délivre l'ordre a le droit d'interdire un mode de transport particulier, ou de prescrire un itinéraire spécial qui, dans ce cas, devient obligatoire pour les compagnies de chemins de fer et sert de base au décompte.

Dans le cas où les envois devraient être escortés, le fonctionnaire signataire de l'ordre déterminerait l'itinéraire à suivre.

ART. 16.

Itinéraires
non prévus.

Les règles ci-après, qui ont été suivies pour l'établissement du tableau des distances précité, servent également à déterminer, pendant le cours du traité, les relations non prévues :

1° Les distances à décompter pour la voie de fer sur le réseau des compagnies contractantes sont les distances par rails indiquées dans les tarifs homologués de ces compagnies, sous la double réserve que, dans le cas où les cahiers des charges stipulent des distances légales, ces distances serviront de base au décompte et qu'il sera tenu compte, s'il y a lieu, à l'Administration des finances, de la bonification stipulée à l'article 3 ;

Les distances sont établies en opérant sur les gares de marchandises pour les transports en petite vitesse, et sur les gares de voyageurs pour les transports en vitesse accélérée.

Les distances sont décomptées de la gare la plus proche de la localité ou de l'établissement qui reçoit ou expédie le transport (1).

2° Les distances non prévues à décompter pour le roulage, quand elles ont une gare pour point de départ ou d'arrivée, sont celles qui sont indiquées dans les tarifs de réexpédition des compagnies ; à défaut de tarifs de réexpédition, dans le cas où les

---

(1) EXCEPTIONNELLEMENT. A Paris, tous les établissements situés dans l'intérieur des fortifications sont desservis par les gares de tête de la ligne d'expédition ou de provenance des transports, sans considérer si ces gares sont ou non plus rapprochées des établissements à desservir.

A Lyon, les transports se calculent :

de la gare de Saint-Clair, quand ils sont en provenance ou à destination des lignes d'Italie, de Genève ou de Bourg et au delà ;

de la gare de Perrache 1, quand ils sont en provenance ou à destination de toutes les autres directions.

A Marseille, tous les transports se calculent de la gare Saint-Charles.

A Bordeaux, les transports en provenance ou à destination du réseau d'Orléans se décomptent de la gare de la Bastide ; ceux en provenance ou à destination du réseau du Midi se décomptent de la gare Saint-Jean.

A Rouen, les transports en provenance ou à destination de la ligne du Nord se décomptent de la gare de Martainville ; ceux d'autre provenance ou destination, de la gare Saint-Sever.

La poudrerie de Vonges se dessert par les deux gares de Lamarche et de Pontailler ; la poudrerie d'Esquerdes se dessert par les deux gares de Lumbres et de Wizernes, suivant la direction des transports.

indications sont contestées par l'Administration des finances, et pour les parcours entre les points qui ne sont pas situés sur la voie de fer, les distances de roulage sont établies au moyen des certificats des ingénieurs des ponts et chaussées, légalisés par les préfets ou les sous-préfets ;

Quand les distances de roulage prévues au tableau sont contestées par l'Administration des finances, elles sont établies au moyen des mêmes certificats ;

3° Les distances à décompter pour les rivières et canaux sont celles qui résultent des tableaux publiés par le Ministère des travaux publics, ou, à leur défaut, celles qui sont justifiées par des certificats des ingénieurs chargés du service de la navigation, légalisés comme il est dit ci-dessus ;

4° La voie de terre ne peut entrer dans la composition des itinéraires que lorsqu'elle est plus économique que la voie de fer, en prenant pour terme de comparaison du prix des deux voies la taxe de 9 centimes pour la voie de fer, et celle de 60 centimes pour la voie de terre. On ajoute le prix du camionnage à celui de la voie de fer, quand ce camionnage doit être effectué par les compagnies. Il est fait abstraction des catégories spéciales du matériel et des poids exceptionnels.

Art. 17.

Revision du tableau des distances.

Le tableau des distances servant de base aux décomptes est revisé tous les trois mois aux dates des 1er janvier, 1er avril, 1er juillet et 1er octobre, en tenant compte de toutes les lignes ouvertes pendant le trimestre précédent, et de toutes celles que les compagnies de chemins de fer contractantes ont incorporées à leur réseau par acquisition ou contrats d'exploitation.

Art. 18.

Disposition générale.

Les distances, hormis les cas spéciaux prévus par le présent traité, sont toujours déterminées d'après l'itinéraire le plus économique pour l'Administration.

Art. 19.

Mode de fixation des délais.

Les délais d'exécution des transports courent du lendemain de la date du reçu de l'ordre d'enlèvement, et, en ce qui concerne la petite vitesse, ne comprennent pas le jour de la remise à destination.

A défaut par les compagnies de chemins de fer d'enlever les objets qui doivent être transportés par la petite vitesse, savoir :

pour Paris et pour les villes où les manufactures de tabacs sont situées, dans les deux jours qui suivent la date *du reçu* de l'ordre d'enlèvement, et dans les quatre jours pour les autres localités, il peut y être procédé par l'expéditeur aux frais, risques et périls des compagnies. Dans ce cas, comme dans tous les autres, les délais de transport courent du lendemain de la date du reçu de l'ordre d'enlèvement adressé à la compagnie.

Cette date est mentionnée sur l'acquit-à-caution ou sur la lettre de voiture.

ART. 20.

Changement de direction en cours de transport.

Dans le cas où, pour une cause quelconque, il y aurait lieu de changer le mode de transport prescrit, ou la destination d'une expédition en cours de transport, les fonctionnaires de l'Administration des finances en donnent avis au moyen d'une réquisition, soit au préposé du lieu de départ qui fait les diligences nécessaires pour arrêter l'expédition, soit au préposé de la localité dans laquelle l'expédition est arrêtée.

La réquisition est jointe aux pièces justificatives; elle est considérée comme une nouvelle lettre de voiture, dont l'exécution rentre dans les conditions du présent traité.

S'il y a interruption de transport pour cause de force majeure, il est tenu compte du retard d'après la constatation officielle prescrite par l'article 28 ci-après.

ART. 21.

Fixation des délais par nature de transport.

Les délais pour les transports à effectuer par les différents modes et aux différentes vitesses sont déterminés d'après les bases qui suivent :

Minimum de la distance en kilomètres à parcourir par vingt-quatre heures :

Vitesse accélérée par chemin de fer.....	300 kilomètres.
— — par roulage...........	40 —
— — par eau...............	50 —
Petite vitesse par chemin de fer........	125 —
— — par roulage	20 —
— — par eau.................	10 —

Pour les transports par chemins de fer, il n'est pas tenu compte, dans la détermination des délais, des fractions supplémentaires de moins de 25 kilomètres pour les deux vitesses.

Pour les autres modes de transport, les fractions donnent droit à un jour de délai.

En cas de retard des transports par eau en petite vitesse, les compagnies de chemins de fer sont admises à prouver, au moyen de certificats délivrés par les autorités civiles des lieux d'embarquement ou de débarquement, que les transports ont été effectués dans les délais d'usage dans cés mêmes localités, ou aussi promptement que l'ont permis les circonstances sous l'influence desquelles la navigation s'est opérée. Ces certificats peuvent aussi être délivrés par les autorités ou par les inspecteurs de la navigation des localités intermédiaires où se sont produites les circonstances qui ont ralenti la navigation.

Art. 22.

Délais accessoires par suite de changement de ligne.

Sont accordés, en outre, les délais supplémentaires ci-après :

Un jour pour chaque transmission d'une compagnie de chemin de fer à une autre compagnie ;

Un jour en vitesse accélérée et deux jours en petite vitesse pour la transmission d'une compagnie à une autre compagnie par les deux chemins de fer de ceinture ;

Un jour pour chaque changement de voie de fer à voie de terre ou d'eau et de voie de terre à voie d'eau, et réciproquement.

Art. 23.

Délais accordés pour les camionnages.

Il est accordé, en ce qui concerne les transports effectués par les voies de fer et d'eau, pour les deux camionnages au départ et à l'arrivée, les délais ci-après :

Vitesse accélérée, un jour ;

Petite vitesse, quatre jours.

Pour l'enlèvement ou la livraison des transports par le roulage, il est accordé les mêmes délais que pour le camionnage.

Les camionnages afférents aux transports en provenance ou à destination de la voie de mer sont effectués dans les délais déterminés par les règlements des ports.

Art. 24.

Assimilation aux camionnages des transports effectués entre les magasins de l'État et les gares de chemins de fer ou ports d'embarquement.

Les transports effectués entre les magasins de l'État et les gares de chemins de fer ou ports d'embarquement, à l'arrivée et au départ, dans un rayon de 10 kilomètres et au-dessous, sont considérés comme un camionnage, et ne peuvent, dès lors, comporter des délais plus longs que ceux indiqués dans l'article précédent, pour l'enlèvement et la livraison réunis.

Lorsque le matériel est remis ou pris en gare ou à quai par les soins de l'Administration des finances, les délais pour l'enlèvement et la livraison ne sont pas comptés, si les deux opérations sont faites par l'Administration elle-même ; et ils sont réduits de moitié, en petite vitesse seulement, si l'Administration ne fait qu'une seule opération.

Art. 25.

Transports spé-
ciaux dans l'in-
térieur des villes
et des faubourgs.

Pour les transports effectués dans l'intérieur des villes et des faubourgs, les compagnies de chemins de fer sont prévenues, avant cinq heures du soir, du service à exécuter le lendemain ; l'ordre indique l'heure et le lieu où les voitures doivent être rendues.

En cas de retard ou d'insuffisance du nombre de voitures, ou d'inéxécution des dispositions stipulées au paragraphe 1er de l'article 12, le transport peut être fait aux frais des compagnies et sans mise en demeure préalable.

Si la remise n'est pas effectuée au plus tard à midi le lendemain du jour de l'enlèvement, ou pour ce qui concerne les manufactures suburbaines de la Seine dans la journée qui suit celle de l'enlèvement, il sera fait une retenue d'un vingtième du prix de transport pour chaque jour de retard.

Art. 26.

Fixation
des maxima.

Les compagnies de chemins de fer sont tenues d'enlever, de transporter et de livrer dans les délais déterminés par les articles 19, 21, 22 et 23, pour chaque jour pour chacune des voies de fer, de terre ou d'eau, et dans chaque localité, les quantités ci-après fixées :

1° Transports par voies de fer, vitesse accélérée ... 15 tonnes.
Petite vitesse 30
2° Transports par terre, roulage accéléré.. 2
Roulage ordinaire.......................... 10
3° Transports par eau, vitesse accélérée 25
Petite vitesse (sans préjudice de la disposition insérée au dernier paragraphe de l'article 21). 25

Art. 27.

Adoption du
maximum le
plus bas pour
les transports
qui empruntent
plusieurs voies.

Si une expédition doit emprunter, avant d'arriver à destination, un mode de transport autre que celui qui a été employé au départ, le calcul des délais d'exécution est basé sur le maximum de travail journalier fixé pour le transport qui a la limite la plus restreinte.

ART. 28.

Dans le cas où des empêchements de force majeure s'oppose-raient à l'exécution du service dans les délais fixés, les compagnies de chemins de fer doivent en justifier au moyen de procès-verbaux dressés par les employés des administrations intéressées, ou, à défaut, par un certificat délivré par l'autorité locale et dûment légalisé par les préfets ou sous-préfets.

Si des événements de force majeure entraînent dans le service une interruption de plus de quarante-huit heures, les compagnies doivent, dans le plus bref délai, faire connaître aux administra-tions intéressées les obstacles survenus, de manière à mettre ces administrations en mesure de pourvoir, s'il y a lieu, par d'autres dispositions aux exigences du service.

CHAPITRE IV.

Formalités à l'arrivée.

ART. 29.

A l'arrivée du matériel à destination, il en est donné reçu sui-vant les règles en vigueur dans chaque service ; le destinataire en constate immédiatement l'arrivée, le poids et le conditionnement.

En cas d'avaries ou de différence dans les quantités indiquées par l'acquit-à-caution ou la lettre de voiture, il est procédé le plus promptement possible à l'ouverture des colis et à la vérification du matériel en présence du préposé ou de son représentant, et en son absence s'il ne se présente pas au jour indiqué.

Un procès-verbal constatant cette vérification est dressé par le destinataire ; il indique le montant des pertes ou avaries à imputer aux compagnies de chemins de fer ou à laisser à la charge de l'État.

En cas de désaccord sur la cause, l'importance et l'évaluation des avaries, il est procédé à une expertise.

Le procès-verbal doit rappeler les lieux de départ et de destina-tion, la date et le numéro de l'acquit-à-caution ou de la lettre de voiture, ainsi que le nombre, le numéro et le poids des colis au départ et à l'arrivée.

Le récépissé de l'expédition donné par le destinataire au dos de l'acquit-à-caution ou de la lettre de voiture fait mention des conclusions du procès-verbal.

Les transports de tabacs, de poudres à feu, de dynamites et de papiers timbrés ou filigranés sont, en outre, l'objet de dispositions particulières, dont il est parlé à chacun des chapitres spéciaux qui les concernent.

Art. 30.

Évaluation des objets perdus.

En cas de perte, l'évaluation du nombre et de la valeur des objets perdus est faite d'après les factures ou tarifs qui sont produits à la diligence de l'administration compétente.

Art. 31.

Responsabilité des compagnies de chemins de fer en cas de pertes et avaries.

Les compagnies de chemins de fer restent responsables de toutes les pertes et avaries éprouvées en cours de transport, à moins qu'elles ne proviennent de force majeure *ou du vice propre de la chose.*

Toutefois, dans le cas où les compagnies auraient employé la voie de mer, qui n'est pas prévue au présent traité, les pertes et avaries qui auraient pu en résulter, même par force majeure, restent entièrement à leur charge.

Art. 32.

Règlement des pertes et avaries.

Le mode de règlement des avaries survenues dans le transport des tabacs, des papiers timbrés ou filigranés, registres et impressions, est soumis à des conditions particulières qui font l'objet des articles 47, 48, 49, 57, 58 et 62.

La valeur des ustensiles, papiers, bois de caisserie et de tonnellerie, appareils ou partie d'appareils, plombs et autres articles d'approvisionnement et de matériel, est remboursée aux prix de facture ou d'adjudication augmenté des frais, et, à défaut de ces éléments, après appréciation contradictoire.

La dépréciation en cas d'avarie est évaluée d'après les mêmes éléments.

Les autres avaries sont réglées à l'amiable entre le préposé et le destinataire, et, en cas de contestation, à dire d'expert nommé par l'autorité judiciaire.

Le mode de remboursement est indiqué à l'article 74.

Les frais de transport, aller et retour, des objets perdus ou complètement avariés, restent, dans tous les cas, à la charge des compagnies de chemins de fer

Art. 33.

Réintégration des objets retrouvés.

Lorsque les objets portés comme perdus au procès-verbal auront été retrouvés, l'agent de la compagnie en rend compte au représentant local de l'administration intéressée, lequel décide s'il y a lieu d'en accepter ou d'en refuser la réintégration, *étant bien entendu, toutefois, que la réintégration sera de droit si le retard apporté n'excède pas 30 jours et si le Service local intéressé reconnaît que ces objets sont en bon état.*

Si la réintégration est prononcée, elle est constatée par un procès-verbal, dont une expédition est remise à l'Agent Général, pour être produite à l'appui de la réclamation des compagnies de chemins de fer.

CHAPITRE V.

Dispositions spéciales aux poudres à feu et aux dynamites.

ART. 34.

Application des règlements généraux de police.

Les transports de poudres et de dynamites, quel que soit d'ailleurs le moyen employé, sont effectués en conformité des règlements généraux de police promulgués ou à promulguer (*).

ART. 35.

Mesures spéciales à la remise des poudres et des dynamites.

Les ordres délivrés pour les expéditions spécifient l'espèce, le poids de la poudre à enlever, le nombre des colis ou barils, le poids et le numéro de chacun de ces colis.

Dès qu'il reçoit l'ordre de transport, le préposé fait connaître à l'expéditeur le moment ou il sera en mesure d'opérer le chargement des voitures, et il est tenu d'envoyer les voitures à l'heure indiquée.

Le chargement doit être effectué dans les quatre jours qui suivent celui où le préposé a reçu l'ordre d'enlèvement. En cas de retard, l'acquit-à-caution mentionne la date du dernier de ces jours, et le délai accordé pour le transport court du lendemain de cette date.

Les voituriers qui effectuent les chargements et déchargements sont soumis à toutes les mesures de prudence imposées aux ouvriers de l'établissement.

Si, par une cause quelconque du fait du préposé, les ouvriers de l'établissement sont employés à charger ou à décharger les voitures, les compagnies remboursent 1 franc par tonne indivisible, au moyen d'une retenue opérée dans le décompte des frais de transport.

(*) *Se reporter, à ce sujet, au Règlement du 12 Novembre 1897 et aux dispositions modificatives ultérieurement notifiées par le Ministère des Travaux Publics.*

Art. 36.

Les militaires dont la présence serait prescrite par les règlements pour l'escorte des convois de poudres et de dynamites, et les deux agents par lesquels l'Administration des contributions indirectes se réserve le droit de faire accompagner les transports de poudres et de dynamites, jouissent, à l'aller et au retour, de la gratuité du transport sur les chemins de fer et bateaux seulement.

Des sièges sont fournis pour l'escorte dans les vagons.

Art. 37.

Si, dans le cours des transports, il est reconnu que l'emballage a souffert, il est procédé au reconditionnement, après constatation par l'autorité locale de la nécessité du travail.

Le payement de la dépense est remboursé aux compagnies de chemins de fer sur pièces justificatives, s'il n'est pas établi que le dommage provient du fait du transporteur.

Art. 38

Sur les chemins de fer, les transports peuvent être effectués :

1º En échantillons, quand l'envoi n'atteint pas 200 kilogrammes, poids brut ;

Les échantillons sont placés par les soins des expéditeurs sous la protection d'une triple enveloppe ;

2º En envois ordinaires, jusqu'à concurrence de 50.000 kilogrammes, qui sont expédiés suivant les prescriptions des règlements de police.

Art. 39.

Aucune voiture de roulage affectée au transport des poudres et des dynamites ne doit recevoir plus de cinq rangs de barils de 50 kilogrammes et plus de six rangs de barils de 20 ou de 25 kilogrammes.

Les barils doivent être assujettis de manière à prévenir tout frottement.

Art. 40.

Par la voie d'eau, les barils doivent être empilés avec solidité sur des planches ou pièces de bois, de manière que les barils des rangs inférieurs soient au moins à 10 centimètres au-dessus du fond de la barque.

Des espaces sont réservés pour recevoir les eaux qui doivent être écopées.

Les chargements de poudres et de dynamites sont isolés de tous les objets mis à bord des barques.

Art. 41.

Vitesse accélérée. Les expéditions de poudres et de dynamites en vitesse accélérée ne peuvent avoir lieu par chemins de fer, que par trains spéciaux.

Cette vitesse peut être ordonnée pour la voie de terre.

Art. 42.

Responsabilité en cas d'explosion. En cas d'explosion, les compagnies de chemins de fer ne répondent pas de la valeur des poudres et des dynamites, à moins qu'il ne résulte des enquêtes ouvertes que l'accident a été causé par la faute ou la négligence de leurs agents.

CHAPITRE VI.

Dispositions spéciales aux Tabacs.

Art. 43.

Conditionnement et emballage des tabacs. Les tabacs sont pesés, emballés, cordés et plombés par les soins de l'Administration.

Les tabacs étrangers en boucauts sont transportés dans le conditionnement qui leur est spécial.

Toutefois les compagnies de chemins de fer peuvent exiger que les boucauts soient cerclés et rajustés d'une manière assez solide pour résister aux manutentions qu'ils auraient à subir en cours de transport.

Les contestations sont réglées conformément aux dispositions de l'article 11.

Art. 44.

Bâchage des tabacs en feuilles. Les transports des tabacs en feuilles peuvent être effectués sans emballage, si l'Administration le juge convenable.

Dans tous les cas, que les tabacs soient emballés ou non, les compagnies de chemins de fer sont tenues de se conformer aux conditions spéciales ci-après :

1° Les tabacs expédiés par la voie de fer sont soumis au mode de bâchage spécial à chaque compagnie, lequel doit toujours être rigoureusement employé ;

2º Pour les expéditions qui ont lieu par la voie de terre, les bâches sont faites en paille et en toile, et elles doivent envelopper complètement le chargement;

3º Lorsque les expéditions s'effectuent par la voie d'eau, il est établi sur le fond des bateaux un fardage couvert par des planches ou des pièces de bois, suffisant pour préserver les tabacs, et les tenir à 10 centimètres au moins au-dessus du fond du bateau; les tabacs sont entièrement couverts par des prélarts bien goudronnés.

Art. 45.

Voitures pour le transport des tabacs non emballés.

Pour le transport dans la même ville, y compris ses faubourgs, des tabacs non emballés, les compagnies de chemins de fer se servent de voitures fermées ou bâchées qui doivent être préalablement acceptées par le service des manufactures de l'État.

Art. 46.

Mesures à prendre en cas de perte d'acquits-à-caution.

Les acquits-à-caution délivrés en cours de transport pour remplacer ceux qui auraient été perdus en route, ne sont admis et déchargés à l'arrivée que comme justification provisoire.

Il ne font pas titre pour le payement.

Dans ce cas, il est dressé à l'arrivée un procès-verbal constatant la vérification et la réception des tabacs; ce procès-verbal est transmis à l'Administration centrale compétente, et il ne peut être procédé au payement qu'en vertu d'une décision spéciale émanant de cette Administration (1), après que les compagnies se seront engagées par soumission à rapporter l'acquit-à-caution perdu, s'il était retrouvé.

Les dispositions du présent article sont applicables aux poudres à feu, dynamites et autres objets circulant avec acquits-à-caution, et aux cas ou l'acquit-à-caution serait présenté privé de son coupon.

Art. 47.

Mode de constatation des avaries.

Les avaries que les tabacs dirigés sur une manufacture ou sur un magasin auraient éprouvées, sont constatées à l'arrivée par les employés de l'Administration, en présence du préposé des compagnies, convoqué *en temps utile pour que l'avis lui parvienne 24 heures au moins à l'avance.*

Si le préposé déclare par écrit s'en rapporter à l'estimation qui sera faite du dommage par le service des manufactures de l'État, en prenant pour base le tarif ci-annexé (tableau A), il signe le procès-verbal; si, au contraire, il juge convenable de recourir à

---

(1) *Dans le Service des Contributions Indirectes, les Directeurs départementaux on aujourd'hui le pouvoir d'autoriser, dans ce cas, le paiement des frais de transport (circulaire nº 198 du 18 janvier 1897).*

l'expertise juridique, il présente requête au tribunal de commerce, et, à défaut, au tribunal de première instance, pour faire nommer des experts qui estiment le dommage, après en avoir déclaré les causes.

Si les experts reconnaissent la nécessité d'un bénéficiement, l'opération est faite par eux avec le concours des employés supérieurs de l'établissement, qui décident s'il y a lieu de l'effectuer dans ledit établissement ou au dehors.

Art. 48.

Bénéficiement par suite d'avaries.

Le mode de constatation des avaries défini par l'article précédent est applicable aux tabacs arrivant à l'entrepôt.

Il est procédé au bénéficiement, en cas d'urgence, par les employés des contributions indirectes ; mais, comme les tabacs ne peuvent être livrés à la consommation et qu'ils doivent être réexpédiés sur une manufacture, ce n'est qu'après leur retour dans ces établissements qu'il est procédé à l'estimation définitive du dommage par le service des manufactures de l'État,

Art. 49.

Règlement spécial aux tabacs en cas d'avaries.

Les frais d'expertise et de bénéficiement des tabacs avariés sont à la charge des compagnies des chemins de fer *si leur responsabilité n'a pu être dégagée.*

Lorsqu'il s'agit de tabacs fabriqués, les frais de transport, aller et retour, sont supportés par les compagnies ; s'il s'agit de tabacs en feuilles, ces frais ne leur sont payés que pour les quantités de matières utilisables.

Le règlement de la somme due aux compagnies n'a lieu, dans tous les cas, qu'après qu'il a été procédé à l'estimation définitive du dommage.

Art. 50.

Mode de constatation et règlement des pertes et soustractions.

Il est procédé également, en présence des préposés des compagnies, à la constatation des pertes et soustractions dont les tabacs auraient pu être l'objet.

Il en est dressé procès-verbal *contradictoire.*

Les déchets naturels, dûment reconnus à l'arrivée des tabacs, ne sont pas à la charge des compagnies, *il en est de même, en ce qui concerne les transports en vrac, des avaries inhérentes à ce mode d'expédition.*

En cas de perte ou de soustraction, les prix à appliquer sont ceux du tarif ci-annexé (tableau B); *chaque manquant est compté pour son chiffre réel.*

Les compagnies sont tenues de réparer immédiatement les colis dégradés en cours de transport. *Elles peuvent demander que ces réparations soient effectuées par l'Administration, sauf à en supporter les frais dans le cas où elles seraient reconnues responsables de la dégradation.*

Si un même chargement présente des avaries et des soustractions et qu'une expertise soit réclamée par l'agent des compagnies, les experts nommés interviennent seulement pour le règlement des avaries, et laissent aux seuls employés des douanes, des contributions indirectes ou des manufactures de l'État, le soin de régler les soustractions comme il est dit ci-dessus.

La responsabilité des compagnies est couverte, si l'enveloppe des colis et les plombs sont remis intacts, les poids étant d'ailleurs conformes. *Si les poids ne sont pas conformes, il sera procédé à une enquête à l'effet d'établir les responsabilités. Le procès-verbal de constatation, rédigé contradictoirement, servira de base à cette enquête.*

Les représentants des compagnies sont requis d'assister à la *vérification* des tabacs, sans toutefois que leur absence, *pourvu qu'ils aient été convoqués en temps utile pour que l'avis leur parvienne 24 heures au moins à l'avance,* puisse invalider ni les vérifications des employés, ni leurs procès-verbaux.

ART. 51.

Réparation des enveloppes par suite d'avaries.

Au moyen des remboursements qui ont été réglés dans les deux articles précédents, il n'est fait aucune répétition particulière, lors de l'arrivée à destination des tabacs, contre les compagnies des chemins de fer, pour la valeur des enveloppes qui ont été perdues ou brisées ; mais elles paient immédiatement les frais de réparation de celles de ces enveloppes qu'il a fallu ouvrir pour une expertise provoquée par quelques faits à leur charge, en cours de transport ou à l'arrivée dans un magasin où la marchandise ne passe qu'en transit ; de même, les compagnies de chemins de fer remettent en état d'être reçues et convenablement arrimées dans les établissements destinataires, les enveloppes que leurs agents ont brisées ou déchirées en route.

ART. 52.

Déchargement et emmagasinage en cours de transport.

Hors les cas de force majeure ou de déchargement requis par l'Administration, les tabacs ne peuvent jamais être emmagasinés en cours de transport, sans que les compagnies de chemins de fer n'en fassent la déclaration aux employés de l'Administration des contributions indirectes, dans la localité.

Si les tabacs se trouvent dans des conditions de magasinage susceptibles d'en altérer la qualité, l'Administration peut en ordonner la réexpédition d'office aux frais des compagnies.

CHAPITRE VII.

Dispositions communes aux tabacs, aux poudres et aux dynamites.

Art. 53.

Obligations imposées aux voituriers en cas de transport de tabacs, de poudres et de dynamites.

Les voituriers doivent toujours être porteurs des acquits-à-caution, qui sont délivrés pour la circulation des chargements qu'ils conduisent ; ils sont tenus de les représenter à toute réquisition ; à défaut de quoi les compagnies de chemins de fer restent responsables des frais et des conséquences de la saisie qui est faite, en vertu des articles 215 et 216 de la loi du 28 avril 1816.

Art. 54.

Déclaration à faire par les voituriers.

Si les voituriers perdent leur acquit-à-caution, ils doivent en faire la déclaration aux employés de l'Administration, ou, à leur défaut, au juge de paix ou au maire le plus voisin qui leur en donne acte.

Cet acte sert à assurer l'expédition jusqu'au lieu de destination.

CHAPITRE VIII

Dispositions spéciales à l'Administration de l'enregistrement des domaines et du timbre.

Art. 55.

Mode d'emballage et de constatation des papiers timbrés et autres objets de même nature.

Les transports des papiers, registres et impressions timbrés entre les chefs-lieux de départements et de cantons ne font pas partie du présent traité.

Toutefois les compagnies, si elles en sont requises, doivent effectuer ces transports *aux conditions du présent traité s'ils sont à destination d'une localité où siège un bureau d'enregistrement situé dans le rayon du service de camionnage de la gare qui dessert la localité. Quant aux envois qui ont pour destination définitive une localité ne présentant pas ces conditions, ils ne seront acceptés par les compagnies que s'ils sont adressés à un consignataire chargé d'en prendre livraison à la gare ou station la plus rapprochée. Dans ce cas, la responsabilité des compagnies est déchargée par la remise du colis au consignataire désigné par l'Administration, et les prix du traité ne sont applicables qu'au camionnage au départ et au transport par voie de fer. Pour l'exécution de ces mesures il sera établi, pour chaque département, de concert entre les Compagnies intéressées et l'Administration, un tableau des distances autographié donnant la distance du chef-lieu du département aux localités où siège un bureau d'enregistrement et indiquant, parmi ces dernières, celles que les compagnies ont l'obligation de desservir par une livraison à domicile.*

Les papiers, registres et impressions timbrés sont emballés au moyen de paille et de forte toile.

Les ballots sont cousus et entourés de cordes, dont les bouts sont réunis par un plomb.

Les papiers, registres et impressions timbrés peuvent également être envoyés dans des caisses de bois ou dans des malles en cuir ou en toile d'un modèle spécial à l'Administration et dont un type restera déposé entre les mains de l'Agent Général des compagnies. La fermeture de ces caisses ou malles sera scellée par des plombs.

Ces emballages renvoyés vides, mais démontés en plateaux ou repliés, ne sont pas considérés comme colis montés, ni soumis aux surtaxes fixées par les articles 65 et 66 ci-après.

La responsabilité des compagnies de chemins de fer est couverte, si l'enveloppe des colis, les cordes et les plombs sont remis intacts. *Si les poids ne sont pas conformes, la responsabilité des compagnies est déterminée dans les conditions indiquées à l'article 50.*

Le nombre et la valeur des effets de commerce, des formules de passeports et de permis de chasse, la quantité de rames et la valeur du timbre des papiers de dimension, des registres et formules timbrés, sont constatés, pour chaque *colis*, sur la lettre de voiture ou sur un état joint à cette pièce.

ART. 56.

Réception
des *colis*.

A l'arrivée, les *colis* sont reçus et vérifiés, comme il est dit en l'article 29, en présence du préposé des compagnies, par le directeur et le garde-magasin ou par l'agent destinataire ; en cas de refus du préposé des compagnies, en présence du maire ou du juge de paix.

La livraison des *colis* à transporter et leur réception à destination ont lieu à l'intérieur des magasins, à quelque étage qu'ils soient situés.

Toutefois, pour les colis au-dessus de 100 kilogrammes, les compagnies ne seront tenues de les livrer ailleurs qu'au rez-de-chaussée que si elles en sont requises par le destinataire et à charge par celui-ci d'acquitter immédiatement les frais des auxiliaires que la compagnie chargée de la livraison jugerait nécessaire d'employer.

ART. 57.

Règlement spécial aux papiers timbrés en cas d'avaries.

En cas d'avaries, les compagnies de chemins de fer ne remboursent que le prix de revient des papiers, impressions et registres timbrés, augmenté de 25 p. °/₀ pour les frais de manutention, de timbrage, d'emballage et d'administration.

Mais à défaut par les compagnies de rapporter à l'atelier général du timbre, à Paris, les papiers avariés, ces papiers sont réputés perdus, et la valeur des timbres est payée par elles.

ART. 58.

Règlement des pertes ou soustractions.

En cas de perte ou de soustraction pour quelque cause que ce soit, sauf *le vice propre de la chose ou* le cas de force majeure légalement constaté, des papiers timbrés pouvant entrer dans la consommation, les compagnies de chemins de fer sont tenues de payer la valeur du timbre dans les deux mois après l'expiration du délai accordé pour effectuer le transport.

En cas de perte ou de soustraction des papiers timbrés ne pouvant entrer dans la consommation, tels que les registres hypothécaires, formules de permis de chasse ou de passeports, contraintes et certificats de vie, les compagnies ne remboursent que le prix de revient des papiers augmenté de 25 p. °/₀.

ART. 59.

Payement des indemnités dues pour pertes et avaries.

Le remboursement des pertes et avaries, réglé ainsi qu'il vient d'être dit (art. 57 et 58), a lieu conformément aux dispositions de l'article 74.

Si les compagnies retrouvent tout ou partie de ces objets postérieurement à l'acquittement de leur prix, la valeur de ceux qui sont rapportés est restituée, sous la déduction du prix de revient de ceux qui sont avariés, augmenté de 25 p. °/₀ ainsi qu'il est stipulé par l'article 57.

CHAPITRE IX.

Dispositions spéciales au service du matériel des finances.

Art. 60.

Mode d'emballage des papiers de cartes à jouer.

L'emballage des papiers de cartes à jouer est fait dans la forme adoptée pour les papiers timbrés, conformément aux dispositions de l'article 55.

Art. 61.

Voitures fermées pour les transports dans l'intérieur de Paris.

Les colis à destination de l'intérieur de Paris doivent être enlevés avant midi.

Les compagnies sont tenues de fournir des voitures fermées toutes les fois qu'il y a lieu de transporter, dans l'intérieur de Paris, des registres, impressions et papiers de cartes à jouer.

Les envois peuvent être escortés par un agent de l'Administration.

Art. 62.

Perte des colis et avaries.

Trois mois après l'expiration du délai fixé pour le transport, il est tenu compte par les compagnies de chemins de fer de la valeur des envois non parvenus à destination ou avariés en cours de transport, aux prix portés sur les mémoires des fournisseurs, avec augmentation de 10 p. °/₀ pour frais d'emballage, de manutention et d'administration.

En cas de perte de matières de cartes, ces matières sont payées au prix de la vente aux cartiers, indépendamment du double droit sur le nombre de jeux de trente-deux cartes qu'on aurait pu confectionner avec les papiers perdus.

Le règlement s'opère comme il est dit à l'art. 74.

Toutefois, si les objets perdus étaient rapportés à l'Administration des finances en tout ou partie, postérieurement à l'acquittement de leur prix, la valeur en serait restituée sous la déduction du prix de revient de ceux qui seraient avariés, augmenté de 10 p. °/₀, ainsi qu'il est dit au paragraphe 1ᵉʳ du présent article.

Art. 63.

Décompte du prix des transports dans l'intérieur de Paris.

Pour les transports qui s'effectuent par voitures couvertes dans l'intérieur de Paris, les prix sont établis d'après le poids réel des impressions, registres et autres objets de matériel non emballés, et composant le même chargement, sans que la taxe à payer aux compagnies de chemins de fer, pour prix d'une course, puisse être inférieure au prix du transport d'une tonne.

CHAPITRE X.

Fixation des prix.

ART. 64.

Prix généraux.

Les prix à payer par l'État pour les transports sont fixés ainsi qu'il suit, sauf les exceptions prévues aux articles 65, 66 et 67.

I. *Vitesse accélérée.*

PRIX PAR TONNE DE 1,000 KILOGRAMMES ET PAR KILOMÈTRE :

1° Par chemin de fer...............................	0^{f}22^c (*)
2° Par roulage...................................	0 90
3° Par eau......................................	0 22

II. *Petite vitesse.*

PRIX PAR TONNE DE 1,000 KILOGRAMMES ET PAR KILOMÈTRE :

1° Par chemin de fer :

Tabacs en feuilles	0^{f}08^c
Tabacs fabriqués et autres transports	0 09
2° Par roulage..................................	0^{f}60^c

3° Par voie d'eau :

Tabacs en feuilles..............................	0^{f}08^c
Tabacs fabriqués et autres transports.............	0 09

Sur les chemins de fer, tous les parcours au-dessous de 6 kilomètres sont comptés comme 6 kilomètres.

Les expéditions du poids de 10 kilogrammes et au-dessous sont effectuées en vitesse accélérée et décomptées pour le poids de 10 kilogrammes.

Exceptionnellement, l'Administration des finances jouira du tarif commun aux compagnies signataires du présent traité pour le transport des petits paquets d'un poids n'excédant pas 5 kilogrammes, et ce tarif sera diminué en sa faveur d'une somme uniforme de 35 centimes correspondant aux frais de timbre, dont sont affranchies les pièces de transport du Département des finances en vertu de la jurisprudence actuelle.

Les délais accordés sont ceux de la vitesse accélérée, et les prix à payer par l'Administration des finances sont, sauf les

---

(*) *Par application de l'article 27 dè la loi du 26 janvier 1892, portant suppression des impôts antérieurs, ce prix a été ramené à 0 fr. 19643.*

frais de timbre, ceux du tarif en vigueur depuis le 1ᵉʳ mai 1881, savoir :

Colis de 0 à 3 kilogrammes... 0ᶠ 65ᶜ ⎱
Colis de 3 à 5 kilogrammes... 0 85 ⎰ factage non compris.

Ce tarif sera appliqué d'office, toutes les fois que ses prix seront plus économiques pour l'Administration des finances que ceux fixés par les conditions générales du traité, calculés sur un minimum de poids de 10 kilogrammes (taxe de la vitesse accélérée).

En cas de perte d'un colis transporté au tarif ci-dessus, l'Administration des finances ne pourra réclamer une indemnité supérieure à cent francs.

L'Administration des finances ne bénéficiera dudit tarif qu'à la condition d'effectuer, par ses moyens, les opérations d'enlèvement ou de livraison, dans toutes les localités où les compagnies n'ont pas de service de factage.

L'Administration des finances ne jouira dudit tarif que tant qu'il demeurera en vigueur pour le public, sauf le cas où il serait remplacé par un tarif analogue non moins avantageux (*). Il n'est pas applicable sur les lignes qui ne sont pas exploitées par les compagnies contractantes, et il ne peut être revendiqué pour les envois d'échantillons de poudre.

Les expéditions au-dessus de 10 kilogrammes jusqu'à 40 kilogrammes, effectuées en vitesse accélérée ou en petite vitesse, sont décomptées pour le poids de 40 kilogrammes.

Au-dessus de 40 kilogrammes et pour les deux vitesses la perception a lieu par fraction indivisible de 10 kilogrammes.

Le minimum de la taxe à percevoir pour une expédition de la gare de départ à la gare d'arrivée est fixé à 40 centimes, y compris les surtaxes prévues par le présent traité.

Le minimum de la taxe à percevoir pour les transports par roulage est fixé à un franc.

Art. 65.

Les dynamites, les poudres à feu, les tabacs en feuilles expédiés en vrac, les colis vides montés, sont transportés aux prix exceptionnels ci-après :

1. *Dynamites* (**).

Le transport de la dynamite est régi par le traité spécial du 21 août 1873; mais avec l'application des prix stipulés par le présent traité, pour le transport des poudres.

(*) *Le tarif commun pour le transport des petits paquets de 0 à 5 kilogrammes a été supprimé à partir du 15 Avril 1893.*

(**) *Il n'est plus fait de transports de dynamite pour le compte du Ministère des finances, depuis que la loi du 8 Mars 1875 a rendu à l'industrie privée la fabrication et la vente de ce produit.*

II. *Poudres.*

1° Poudres par chemins de fer :

Vitesse accélérée :

Par trains spéciaux :

22 centimes par tonne et par kilomètre, avec un minimum d 5 francs par kilomètre et par train, non compris l'impôt établi par la loi du 16 septembre 1871. (*)

Petite vitesse :

$$\text{Envois de} \begin{cases} 0 \ \grave{a} \ \ \ 40 \ \textit{kilogrammes}.... & 0 \ fr. \ 03^c \\ 41 \ \grave{a} \ \ \ 80 \ \ \ \ -d^o- \ \ \ .... & 0 \ \ \ \ 06 \\ 81 \ \grave{a} \ 199 \ \ \ \ -d^o- \ \ \ .... & 0 \ \ \ \ 09 \end{cases} \begin{array}{l} \textit{par kilomètre} \\ \textit{et par envoi.} \end{array}$$

Expéditions à partir de 200 kilogrammes, par tonne et par kilomètre 0ᶠ 16ᶜ

Cette dernière classe d'expéditions, avec un minimum de perception de 50 centimes par kilomètre, par expédition et par wagon (1).

2° Poudres par roulage :

Vitesse accélérée :

Envoi isolé de 0 à 80 kilogrammes, par kilomètre.. 0ᶠ 75ᶜ
Expéditions au-dessus de 80 kilogrammes, par tonne et par kilomètre 0ᶠ 90ᶜ

Cette dernière taxe est perçue par fraction indivisible de 1.000 kilogrammes.

Petite vitesse :

Envoi isolé de 0 à 80 kilogrammes, par kilomètre.. 0ᶠ 40ᶜ
Expéditions au-dessus de 80 kilogrammes, par tonne et par kilomètre 0 60

Cette dernière taxe est perçue par fraction indivisible de 1,000 kilogrammes.

3° Poudres par eau :

Par tonne et par kilomètre........................ 0ᶠ 09ᶜ

Ce prix est perçu par fraction indivisible de 1,000 kilogrammes.

(*) Par application de l'article 27 de la loi du 26 Janvier 1892, portant suppression des impôts antérieurs, ces prix ont été ramenés respectivement à 0 fr. 19643 et à 4 fr. 4643.

(1) Il est fait usage, pour les calculs, du barème suivant :

De 200 à 3,120 kilogrammes........ 0 fr. 50 c. par envoi et par kilomètre ;
De 3,121 à 5,000 kilogrammes ...... 0 . 16 c. par tonne et par kilomètre, en arrondissant par fraction indivisible de 10 kilogrammes.
De 5,001 à 6,250 kilogrammes....... 1 fr. 00 c. par envoi et par kilomètre (emploi de 2 wagons).
Au-dessus de 6,250 kilogrammes.... 0 fr. 16 c. par tonne et par kilomètre en arrondissant par fraction indivisible de 10 kilogrammes.

L'Administration des finances aura toujours le droit de revendiquer pour le transport des poudres et dynamites, par toutes voies, l'ensemble des taxes que les compagnies de chemins de fer auraient consenties à l'Administration de la guerre.

III. *Tabacs en feuilles expédiés en vrac.*

Les prix sont ceux de l'article 64 augmentés de 50 p. 0/0 lorsque les tabacs ne pèsent pas 200 kilogrammes au mètre cube.

IV. *Colis vides montés.*

Les prix sont ceux de l'article 64, augmentés de 50 p. 0/0.

Les prix de la voie de fer indiqués à l'article 64 et au présent article ne comprennent pas les nouveaux impôts créés par la loi du 16 septembre 1871 (*), ni ceux qui pourraient être créés par la suite.

Le prix de 22 centimes par tonne pour la vitesse accélérée comprend l'impôt créé par la loi du 14 juillet 1855 (**).

ART. 66.

Le camionnage, tant au départ qu'à l'arrivée, exécuté par les compagnies dans un rayon de 10 kilomètres, est payé pour chaque opération d'enlèvement et de livraison :

1° Pour la petite vitesse,

A Paris............................... 5ᶠ 00ᶜ par tonne.
Dans les autres localités.............. 2 50

Ces prix sont augmentés de 50 p. 0/0 pour les poudres, dynamites, colis vides montés et tabacs en feuilles expédiés en vrac.

2° Pour la vitesse accélérée, le double des prix ci-dessus fixés.

Il est alloué aux compagnies autant de camionnages qu'elles en ont réellement exécuté.

La perception a lieu par fraction indivisible de 10 kilogrammes, avec un minimum de 25 centimes pour chaque opération.

ART. 67.

Le prix des transports entre deux établissements situés dans la même ville, ainsi que des transports entre les manufactures et

---

(*) *Ces impôts ont été supprimés par la loi du 26 Janvier 1892.*
(**) *Le prix de 22 centimes a été ramené à 0 f. 19643 par la loi du 26 Janvier 1892 supprimant tous impôts antérieurs.*

les entrepôts *d'une même ville* est réglé à 2 francs par tonne, sauf pour Paris où le prix est fixé à 4 francs.

La perception a lieu par fraction indivisible de 10 kilogrammes, avec un minimum de 25 centimes pour chaque opération.

Les transports entre les manufactures suburbaines de la Seine (Pantin et Issy-les-Moulineaux) et les établissements situés dans Paris sont considérés comme transports intérieurs et payés exceptionnellement à raison de 6 francs par tonne.

La perception a lieu par fraction indivisible de 10 kilogrammes, avec un minimum de 1 franc pour chaque opération.

ART. 68.

Magasinage.

Les frais de magasinage, s'il y a lieu, sont réglés aux prix et conditions fixés par les arrêtés ministériels en vigueur pour les gares, et, pour les autres points, les compagnies de chemins de fer sont remboursées de ces frais en justifiant que les dépenses ont été faites par elles dans un but d'utilité.

ART. 69.

Frais accessoires.

Les prix fixés aux articles 64 et suivants comprennent tous les frais accessoires, de chargement, de déchargement des vagons et de gare, mais non le droit d'enregistrement par expédition, perçu conformément aux tarifs homologués.

CHAPITRE XI.

Décompte, ordonnancement et payement des transports.

ART. 70.

Base des décomptes.

Les décomptes des transports effectués sont établis : d'après le poids reconnu et constaté, s'il y a lieu, à l'arrivée ; d'après le mode de transport ordonné et les prix fixés au traité ; et enfin d'après les pénalités stipulées pour retard dans l'exécution.

ART. 71.

Payement des frais d'un transport arrêté en route par ordre de l'Administration.

Si un transport en cours d'exécution est arrêté en route par ordre de l'Administration, le prix en est payé suivant la distance parcourue. Dans le cas où les compagnies de chemins de fer auraient employé un itinéraire autre que celui indiqué par le tableau des distances, le prix à payer ne peut excéder la somme qui aurait été due pour le parcours total prévu par ce tableau.

Art. 72.

Transport d'office
en cas de retard.

Si des colis ne parviennent pas à destination dans les délais prescrits, il peut être fait un nouvel envoi par la vitesse accélérée ou par les messageries, sans que cet envoi puisse dépasser 1,000 kilogrammes en vitesse accélérée et 500 kilogrammes par les messageries ; le prix du transport n'est payé que d'après le taux fixé pour la petite vitesse ou le roulage ordinaire, sans préjudice de la retenue à exercer en cas de retard, comme il est dit à l'article suivant.

Art. 73.

Pénalités en cas
de retard.

Les retards de remise à destination dans les délais déterminés entraînent des retenues sur les prix de transport, qui sont fixées ainsi qu'il suit :

1° Expéditions ordonnées en vitesse accélérée :

Pour un retard d'un jour, le dixième du prix ;

Pour un retard de 2 jours, réduction au prix de la petite vitesse ;

Pour un retard de plus de 2 jours, réduction au prix de la petite vitesse, en appliquant, en outre, la retenue d'un dixième sur le prix de cette vitesse.

2° Expéditions ordonnées en petite vitesse :

Pour un retard de 4 à 8 jours, le *vingtième* du prix ;

— de 9 à 15 jours, le *dixième* du prix ;

— de 16 à 30 jours, le *sixième* du prix ;

— de 31 jours et au-dessus, *la moitié* du prix.

Les frais extraordinaires que nécessiterait, dans les cas d'urgence, le prompt renvoi à destination des objets momentanément égarés ou oubliés dans les gares et partout ailleurs, sont à la charge des compagnies de chemins de fer, indépendamment des retenues dont elles se seraient rendues passibles pour retard dans l'arrivée à destination.

Toutefois, quand le service n'aura pas souffert des retards dans la livraison à destination des objets transportés, le Ministre des Finances pourra faire remise des retenues encourues.

Art. 74.

Remboursement
des pertes et
avaries.

Le remboursement des sommes mises à la charge des compagnies de chemins de fer pour pertes et avaries s'opère au moyen d'un prélèvement sur les frais de transport.

Le complément, s'il y a lieu, est versé, savoir :

Pour les services de l'enregistrement et du matériel des finances, à la caisse du receveur central de la Seine, par la compagnie qui règle le transport ;

Pour le service des tabacs, des poudres et de la dynamite, à la caisse du receveur des contributions indirectes, par le délégué des compagnies ;

Pour le service des douanes, à la caisse du receveur principal des douanes, à Paris, par la compagnie qui règle le transport.

ART. 75.

Mode
de payement.

Le prix des transports des tabacs, des poudres et de la dynamite est liquidé aux conditions du présent marché, et il est payé comptant, ou dans un délai de huit jours, au lieu de destination.

Pour le service de l'enregistrement, du domaine et du timbre, le payement s'effectue à Paris ou au lieu de destination, si cette condition est indiquée dans la lettre de voiture.

Pour les autres services, le payement s'effectue à Paris.

La dernière compagnie qui a participé au transport établit en double expédition, tant pour son compte que pour celui de ses cédants, les relevés décomptés des transports dont l'exécution est justifiée.

Chaque relevé ne doit contenir que des transports exécutés pendant un même mois et pour un même service.

La compagnie remet ces relevés aux administrations compétentes, avec une facture sur laquelle est reporté le montant du relevé ou des relevés qu'elle comprend. Cette facture est établie en deux expéditions dont une timbrée.

En cas de retard ou d'omission, il est dressé des relevés supplémentaires au titre des mois précédents.

Les relevés doivent être appuyés, pour chaque article, de l'acquit-à-caution ou de la lettre de voiture.

Pour les transports auxquels les cas particuliers rappelés ci-après sont applicables, la compagnie intéressée ou ses délégués dans les départements doivent joindre à l'acquit-à-caution ou à la lettre de voiture :

1° Les certificats de distances pour celles qui ne sont pas mentionnées au tableau et qui rentrent dans les dispositions de l'article 16 ;

2° Les certificats constatant les empêchements de force majeure ;

3° Les bulletins des messageries ;

4° Les pièces justifiant les frais relatifs aux réparations en route et aux frais de magasinage ;

5° Le bordereau indiquant les frais divers avancés pour le règlement des transports sur le réseau des compagnies non contractantes au présent traité.

Les liquidations, les ordonnances de payement et toutes autres pièces comptables sont établies, au nom de la compagnie qui est chargée de recevoir le payement, sans distinction de la part afférente à chacune des autres compagnies.

CHAPITRE XII.

Réclamations, Déchéance, Dispositions diverses.

ART. 76.

Réclamations des compagnies de chemins de fer.

Les compagnies de chemins de fer peuvent réclamer, devant le Ministre des Finances, contre la liquidation : elles lui adressent, avec leur demande, l'état détaillé des articles de réclamation et de leurs motifs, appuyé, s'il y a lieu, des pièces justificatives. Le Ministre prononce, sauf le recours au Conseil d'État.

Les réclamations doivent être faites dans le délai d'un an à partir de la date de l'ordonnancement, sous peine de déchéance.

ART. 77.

Interdiction de formuler des répétitions contre les compagnies.

Sauf les erreurs matérielles dans les calculs, les omissions, les faux ou doubles emplois, le Ministre des Finances n'exerce aucune répétition pour quelque cause que ce soit contre les compagnies de chemins de fer, à l'occasion des transports dont la liquidation a eu lieu.

ART. 78.

Faculté pour l'État de se substituer aux compagnies.

En cas d'interruption ou d'inexécution des clauses du présent traité, sauf le cas de force majeure, il y est pourvu par des marchés d'urgence, aux risques et périls des compagnies de chemins de fer.

Si les prix de ces marchés excèdent ceux du présent traité, la différence est mise à la charge des compagnies.

ART. 79.

Frais de timbre, d'enregistrement et d'impression du traité.

Les compagnies de chemins de fer supportent les droits de timbre et d'enregistrement ; elles ont aussi à leur charge l'impression du présent traité et de ses annexes. Elles fournissent deux mille exemplaires de ces documents au Ministre des Finances.

Art. 80.

Juridiction.

Toutes les contestations qui peuvent survenir pour l'exécution ou l'interprétation du présent traité, entre le département des finances et les compagnies de chemins de fer, sont jugées administrativement par le Ministre, sauf recours au Conseil d'État.

CHAPITRE XIII.

Durée du traité,

Art. 81.

Le présent traité aura cours à partir du 1er janvier 1886, jusqu'au 31 décembre 1890 (1).

Art. 82.

Les compagnies de chemins de fer doivent, si elles en sont requises avant le 1er octobre 1890, continuer le présent traité, aux mêmes clauses et conditions, pendant un délai d'un an (2).

Fait à Paris, le 22 décembre 1885, en neuf originaux, dont un pour le Ministre des Finances, un pour chacune des sept compagnies contractantes, et un pour l'Agent Général.

Et, avant de signer, les Compagnies ont déclaré nommer pour leur Agent Général, à Paris, M. SANTERRE DES BOVES, qui aura son domicile officiel, pour l'exécution du présent traité, dans les bureaux de l'Agence générale, établis, rue Condorcet, n° 11 (3).

---

(1) Le présent traité ayant été prorogé successivement jusqu'au 31 mars 1905 devra avoir cours, à partir du 1er avril de la même année, jusqu'au 31 mars 1910 (Avenant du 31 mars 1905).

(2) Les compagnies de chemins de fer doivent, si elles en sont requises avant le 1er janvier 1910, continuer l'application du présent traité aux mêmes clauses et conditions, pendant le délai d'un an (Avenant du 31 mars 1905).

(3) M. Santerre des Boves (décédé) est remplacé par M. André Loyau. — Les bureaux de l'Agence générale sont établis, 162, rue Saussure, à Paris (Avenant du 31 mars 1905).

TABLEAUX ANNEXÉS AU TRAITÉ

TABLEAU A. (Article 47 du traité.) — Tarif des prix à payer pour les tabacs avariés et pour les tabacs perdus dont il n'aura pu être fait aucun usage.

TABLEAU B. (Article 50 du traité.) — Tarif des prix à payer pour les tabacs soustraits ou perdus dont il aura pu être fait usage.

TABLEAU
(Article 47

Tarif des prix à payer pour les tabacs avariés et pour

TABACS INDIGÈNES EN FEUILLES

DÉPARTEMENTS PRODUCTEURS	PRIX PAR 100 KILOGRAMMES				
	1re qualité	2e qualité	3e qualité	Non marchands Supérieurs	Non marchands Ordinaires
	fr.	fr.	fr.	fr.	fr.
Bouches-du-Rhône.................. } Ille-et-Vilaine...... .... } Lot-et-Garonne (ordinaire)........... }	165	130	105	85	60
Lot.................................	175	140	105	75	60
Nord...............................	175	140	115	95	60
Lot-et-Garonne (Paraguay) et autres départements (feuilles entières).............	180	145	115	95	65
Lot-et-Garonne (Paraguay) et autres départements (feuilles coupées)...........	»	»	125	105	»
Algérie............................	180	145	110	80	50

RÉSIDUS ET SAISIES

	fr.
Coupures...................	50
Côtes et débris pour poudre.	30
Débris pour scaferlatis.....	60
Feuilles impropres à la fabrication des cigares........	90
Tabacs de saisie... 125 à 200 fr. suivant le classement indiqué sur l'acquit-à-caution.	

TABACS EXOTIQUES EN FEUILLES

DÉSIGNATION DES ESPÈCES	PRIX PAR 100 KILOGRAMMES				
	A	B	C	D ou C C	Type unique
	fr.	fr.	fr.	fr.	fr.
Virginie	120	100	80	»	»
Kentucky léger......................	140	120	100	»	»
Kentucky corsé......................	150	130	»	»	»
Kentucky Burley....................	140	120	100	»	»
Maryland...........................	130	110	90	»	»
Ohio...............................	130	110	90	»	»
Levant ordinaire....................	200	170	130	»	»
Levant supérieur....................	»	»	»	»	600
Exotiques divers....................	»	»	»	70	»
Brésil supérieur....................	300	250	200	»	»
Brésil ordinaire....................	250	200	180	»	»
Mexique	»	»	»	»	1.050
Java supérieur.....................	»	»	»	»	600
Sumatra supérieur..................	»	»	»	»	1.200
Sumatra ordinaire..................	»	»	»	»	300
Santo-Domingo.....................	»	»	»	»	150
Manille	»	»	»	»	130
Java Crosso et Astrakan.............	»	»	»	»	110
Paraguay...........................	»	»	»	»	90
Hongrie............................	110	100	90	75	»

TABACS EXOTIQUES EN FEUILLES (Suite)

Havane	PRIX par 100 kil.
	fr.
1re à 7e......	2.500
8e............	1.500
9e............	750
10e...........	500
11e...........	300
Rejets et débris	250

du traité)

les tabacs perdus dont il n'aura pu être fait aucun usage.

TABACS FABRIQUÉS EN FRANCE

ESPÈCES		PRIX DE VENTE aux consommateurs	PRIX A PAYER par kilogramme, en cas de perte ou d'avaries
		fr. c.	fr. c.
Cigares		87 50	60 »
		75 »	50 »
		62 50	40 »
		50 »	30 »
		37 50	18 »
		31 25	15 »
		25 »	12 »
		18 75	8 »
		12 50	6 »
Cigarettes	Hongroises	35 »	6 »
		30 »	5 »
	Élégantes	30 »	5 »
		25 »	4 25
	Roulées	35 »	6 »
		32 50	5 50
		30 »	5 »
		27 50	4 50
	Françaises	20 »	4 »
		15 »	3 25
	Chasseurs	25 »	5 50
	Damitas	100 »	50 »
	Senoritas	75 »	30 »
	Ninas	50 »	20 »
	Autres espèces	PRIX A PAYER : 40 % du prix de vente aux consommateurs	

TABACS FABRIQUÉS EN FRANCE (Suite)

ESPÈCES		PRIX DE VENTE aux consommateurs	PRIX A PAYER par kilogramme, en cas de perte ou d'avaries
		fr. c.	fr. c.
Poudres	Étrangères et supérieure	16 »	2 50
	Ordinaire	12 50	1 50
	D'hospices	5 »	1 »
Rôles	Menu-filés	16 »	3 50
	Ordinaires	12 50	2 20
	De zones	9 »	1 65
		8 »	1 40
	De troupe	2 »	1 30
Carottes		12 50	2 50
Scaferlatis étrangers	Dubèque	45 »	25 »
	Sultan doux, etc.	35 »	18 »
	Vizir, etc	30 »	14 »
	Levant supérr.	25 »	11 »
	Levant ordinre	20 »	5 »
	Maryland	20 »	3 »
Scaferlati supérieur		16 »	2 75
Scaferlati ordinaire		12 50	1 85
Scaferlati de zones		9 »	1 10
		6 50	1 »
		4 »	» 90
		2 »	» 85
Scaferlati de troupe		1 50	» 85
Scaferlati d'hospices		5 »	» 85

TABACS FABRIQUÉS A L'ÉTRANGER

ESPÈCES	PRIX DE VENTE aux consommateurs	PRIX A PAYER par kilogramme, en cas de perte ou d'avaries
	fr. c.	fr. c.
	1.250 »	1.000 »
	1.000 »	800 »
	750 »	600 »
	500 »	400 »
	375 »	300 »
	325 »	260 »
	312 50	250 »
	287 50	230 »
	250 »	200 »
Cigares de la Havane, du Mexique et de Manille	225 »	180 »
	200 »	166 »
	175 »	140 »
	150 »	125 »
	125 »	100 »
	112 50	87 50
	100 »	75 »
	87 50	69 »
	75 »	50 »
	62 50	40 »
	50 »	30 »
Scaferlatis et cigarettes diverses	PRIX A PAYER : 50 % du prix de vente aux consommateurs	

Nota. — Le prix des espèces non cotées sera inscrit sur les acquits-à-caution, *en ce qui concerne les produits fabriqués, le prix à payer sera le même pour les espèces qui sont classées sous le même nº de la nomenclature du 9 février et du 9 juin 1894.* — Lorsqu'il ne sera résulté de l'avarie qu'une dépréciation, elle sera estimée à tant pour cent et remboursée dans la même proportion. — On compte 250 cigares et 1.000 cigarettes pour un kgr.

TABLEAU B

(Art. 50 du traité).

TARIF des prix à payer pour les tabacs soustraits ou perdus dont il aura pu être fait usage

TABACS EN FEUILLES INDIGÈNES OU EXOTIQUES à l'exception des tabacs de la Havane, de Levant supérieur, de Java supérieur et de Sumatra (supérieur et ordinaire) et résidus de fabrication indigènes ou exotiques	TABACS EN FEUILLES DE LA HAVANE, de Levant supérieur, de Java supérieur et de Sumatra (supérieur et ordinaire)	TABACS FABRIQUÉS
8 francs par kilogramme.	Havane (1re à 7e).... { 30 francs par kilogramme Havane (autres qualités............. Levant supérieur.... Java supérieur...... Sumatra supérieur et ordinaire......... } 20 francs par kilogramme	On appliquera le prix du tarif de vente aux consommateurs, sans que le prix à payer soit inférieur à 12 fr. 50 cent. par kilogramme.

TABLE DES MATIÈRES

Pages

TABLEAUX ANNEXÉS AU TRAITÉ

25753 Imp. MAULDE, DOUMENC et Cie, 144, rue de Rivoli, Paris.